Waldemar und Heinz

... nach wahren Begebenheiten...

Ein 7-Streiche-Gedicht

**von
Alexandra Flemming**

**mit
Illustrationen von
Anja Floyd**

*Gewidmet den Eltern
von Waldemar und Heinz -
Agnes und Johannes.*

Impressum

© 2009 Alexandra Flemming
Umschlaggestaltung: Alexandra Flemming
Illustrationen: Mit freundlicher Genehmigung von
© 2009 Anja Floyd
Foto Backcover: Isabel Dierig

Herstellung und Verlag:
Books on Demand GmbH, Norderstedt
1. Auflage

ISBN: 9783837067002

9 783837 067002

3,99 €

Klatschen heißt, die Sünden
anderer Leute beichten.

Wilhelm Busch

Die Jugend liebt heutzutage den Luxus. Sie hat schlechte Manieren, verachtet die Autorität, hat keinen Respekt vor den älteren Leuten und schwatzt,
wo sie arbeiten sollte.
Die jungen Leute stehen nicht mehr auf, wenn Ältere
das Zimmer betreten.
Sie widersprechen ihren Eltern, schwadronieren in der Gesellschaft, verschlingen bei Tisch die Süßspeisen, legen die Beine übereinander und tyrannisieren ihre Lehrer.

Sokrates
(um 400 v.Ch.)

Waldemar und Heinz —
rückblickend
auf die Taten
Eurer Kindertage
blicke ich milde auf
Eure jeweils fast
70 Lebensjahre zurück.
Dass Ihr trotz allem
zu guten Menschen reiftet
und eine enge Bindung
zu Eurer Familie pflegt,
soll allen Eltern
ungestümer Kinder
Hoffnung geben.

Eure Tante Hedwig

Waldemar und Heinz

Max und Moritz hieß das Paar,
    das so recht verdorben war.

Wer kennt sie nicht –
    die üblen Zwei,
    die am Ende wurden Brei
in den gequälten Gänsemägen-
    für die Leut' war es ein Segen!

Doch was niemand bislang wusste,
weil man dies nicht wissen
musste,

- aus dem entfernten Pommern
kamen einst
zwei Brüder namens
Waldemar und Heinz.

Diese hatten's rattendick
hinter den Ohren und im
Genick.
Mit ihnen lebten, das war damals
üblich,
noch vier Brüder und zwei
Schwesterlein lieblich.

Von Max und Moritz nie was gehört,

war es, als sei'n sie von ihnen

gelehrt.

Von allen Dingen, die sie trieben

sind hier 7 aufgeschrieben.

Lest nun, was geschah in einem

Jahr,

ihre Taten, die sind WAHR!

In die Schule gehn die Beiden,
obwohl sie keine Lehrer
leiden,
nur wegen ihrer heil'gen Pflicht,
doch zum Lernen scheinbar
nicht!

Wenn im Winter kleine Mäuschen
schlafen lieb und fest in ihren
Häuschen,
angeln sie die aus dem Neste
und wickeln sie dann richtig
feste
zwischen Butterbrot und
Pergamentpapier
und ein Schleifenband zur Zier.

In der Schule, die Lektion hat grad
begonnen,
schenken sie ganz unversonnen
ihre leckren Stullen her
und die Mädels freun sich sehr.

Bis das Brot beginnt zu zappeln
und zu knistern und zu
rappeln!-

Und es kommt wie's kommen muss
eine beißt mit viel Genuss
in die spezielle Butterschnitte,
der entspringt aus ihrer Mitte
eine quietschfidele Maus
und just ist die Stunde aus!

Alles kreischt und schreit und flüchtet,
weil man sich vor Mäusen
fürchtet.

Verjagt sind Lehrer und die
Klassenmeute,
was die Beiden diebisch freute.

Sie hopsen johlend über Tisch und
Bänke
und klatschen sich vor Freud die
Schenkel...

Die Mutter sah dies mit Verdruss,
so war mit Schulbrot erst mal
Schluss.

Doch dies war erst

1

von sieben

Dingen, die sie damals trieben.

Jeden freut zur Weihnachtszeit
steht ein wenig süß Gebäck
bereit.

Doch zum Backen hat nicht
jedermann
einen Feuerherd mit Röhre dran.

Drum wird der Teig zu Haus bereitet
und mit Schlitten in die Bäckerei
begleitet.

Zurück auf den Blechen und fertig
gebacken
zieht Einer vorn, ein Andrer
schiebt an den Hacken.

Wer vorne zieht, das ist hier nicht
wichtig,
doch wer hinten schiebt-
und das ist ganz richtig-
sind Waldi und Heinz, schließlich
nicht doof-
den duftenden Schlitten zum
heimischen Hof.

Doch viel schieben tun sie wenig,
denn sie futtern gar nicht
dämlich
hinter dem Schlitten direkt vom
Fleck die meisten der leckeren
Kuchen hinweg.

Und zu Hause wurd' gelogen,
dass sich der Scheune Balken bogen,

- schließlich war der Weg dran
schuld!-

- Auf dem sie schoben mit Geduld
den Schlitten, dessen Kekse fielen
bei jedem Schlagloch in die Rielen-

und die dann der Hund gefressen,
der herrenlos am Wegesrand
gesessen...

Doch dies war'n nur

2

von sieben
Dingen, die sie damals trieben.

In der österlichen Zeit
macht man Feuerhaufen gern bereit.

Diese entfacht man zur Ehre des
Herrn
und hofft, dass dieser es sieht und
hat's gern.

Auch Waldi und Heinz bauten
tagelang
auf einem Gipfel am Waldeshang

nicht aus Frommheit oder Buße,
aber mit enormer Muße,
eine Pyramide aus bestem Holz
und waren auf sich furchtbar
stolz!

Doch die Jugend aus dem
Nachbarort
war gemein und zog hinfort,
um am hellerlichten Tag

niederzubrennen mit einem Schlag,
was die Zwei mit Müh
geschichtet
und so vor Einbruch der Nacht ward
vernichtet.

Doch den Beiden auf die Schnelle
kam ein Gedanke licht und helle,
dass Bauer Banses bester
Strohvorrat
enorme Kapazitäten für ein Feuer
hat!

So holten sie ein paar Fackelträger

heran,

mit denen prozessierten sie sodann

hinaus aufs Feld zu jener Stelle,

als da kam eine Windeswelle

die jeden Funken löschte aus,

damit die Buben gehen nach Haus.

Doch Heinz hat sich dieses schon

gedacht

und vorsichtshalber Zündholz

mitgebracht.

So fängt die Fackel wieder Feuer

- dem Träger ist's nicht ganz

geheuer

so nahe an dem Haufen dran-

schon fliegt die Glut und zündet an

den großen Berg aus gelbem Stroh,
welcher brennt ganz
lichterloh.

Und die Brüder ganz beseelt
lieben dieses Stroh, das fehlt!

Das größte Osterfeuer dieser Welt
wurde so von Waldemar und Heinz
bestellt.
Aus der Ferne sie zudem erfreute,
was dem Luntenträger bläute:

Nun war er ein Bösewicht,
obwohl er war gar keiner nicht.
Und den Beiden, die es wirklich
war'n
wurde wieder nichts getan.

Doch dies war'n nur

3

von sieben

Dingen, die sie damals trieben.

Neben Haus und dem Gehöft
   betreibt man auch das
               Huhngeschäft.

Dem Hühnerharem geht es prächtig.
   Diese glucken groß und mächtig
in der Stallung auf den Sprossen
   ohne Hahn ganz unverdrossen.

Nebenan wohnt Stratemeier-
   auch seine Hühner legen Eier.

Doch er hat auch einen Hahn,
   der es mit allen Hühnern kann!

Nicht nur mit den Meier-Glucken,
vollzieht er dann das
Gockelzucken,
nein, er schleicht durchs Loch im
Zaune
und wartet hinter Flemmings
Apfelbaume,
um hier den Hennen zu besorgen
den Hahnentritt am frühen Morgen.

Davon Wind bekam das Bruderpaar,
das nun im Morgengrauen auf den
Beinen war
und sich hier am Zaun verkroch,
direkt am großen Eintrittsloch...

... und des Hahnes Ankunft harrt,
der jedoch noch immer scharrt
in dem eigenen Revier
und mit größter Manneszier.

Waldi mit `nem riesen Knüppel
gut getarnt mit grün Gestrüppel
wartet auf des Bruders Zeichen,
dass dieser ihm so stellt die Weichen
für den großen Schlag am Zaun,
um auf den Federfuzzi einzuhaun.

Doch Heinzi sieht nun ganz
beklommen
auch den Herrn des Hahnes
kommen
und schickt noch Notsignale aus-
doch Waldi prügelt aus sich raus-

will dem Hahn ans Federleben
und ihm eins auf den Kamme geben.

Der Gockel schreit in größter Not,
doch bevor er ist fast halbwegs tot
wird vom Bauer er errettet
und in Zukunft angekettet.

Doch dieser nicht begreifen kann,
warum die Zwei dem Hahnenmann
wegen seiner Hühnerliebe
ihm verpassten solche Hiebe-

mit `nem Knüppel riesig groß
auf das kleine Hähnlein gingen los!

Doch dies war'n nur

4

von sieben

Dingen, die sie damals trieben.

Von den eignen Hühnern gibt es
Braten
immer nur an Feiertagen.

Dies ist für das hungrige Gespann
viel zu selten und sodann
richten sie im tiefen Wald,
wo kein Hühnerruf zum Dorfe hallt
eine Feuerstätte ein,
ganz gemütlich soll sie sein!

Mit geklauten Pfannen, Salz und
scharfen Messern
wollen sie die Fleischzufuhr
verbessern.

Zurück im Dorfe auf der Mauer

   legen sie sich stetig auf die

            Lauer

um die Hühner an den Straßenecken

   zu kidnappen und einzustecken.

Wer glaubt, sie wollten Lösegeld

   hat hier mit Glaube weit gefehlt.

Zurück am Rastplatz

         schnippelschnapp

   schneiden sie die Köpfe ab.

Sie rupfen sie und weiden aus,

überm Feuer wird der Schmaus

   gegrillt und saftig aufbereitet,

mit Kartoffeln das Gericht erweitert.

Vollgestopft zu Tisch daheim
schlürfen sie noch Suppe ein.

Die Mutter redet mit Entsetzen
von einem Fuchs, der rupft in Fetzen
häufig Hühner auf den Straßen
und die Bauern haben keinen
Blassen,
wo der Fuchs zu finden sei
um zu vergelten dies mit Blei.

Heinz und Waldi hinter der Terrine
verzogen hierbei keine Miene.
Ihnen war es ja sooo lieb,
dass die Suche nach dem Hühnerdieb
samt dem geheimen Futterplatz
vergebens war und für die Katz.

Doch dies war'n nur

5

von sieben
Dingen, die sie damals trieben.

In dem Örtlein gibt's ein Haus
dort schenkt man die Getränke aus.

Der Vater spielt hier oft die Geige
wenn ein Festtag geht zur Neige
in des Wirtshaus' großem Saal,
wo zum Verdruss oder zur Qual
man auch kann das Tanzbein
schwingen
oder flotte Lieder singen.

So mancher schlürft hier viele
Tröpfchen
und muss deshalb oft aufs
Lullertöpfchen.

Der Topf ist draußen an der frischen
Luft,
dass man nicht riecht den strengen
Duft
der Latrine in den Stuben
- doch was machen unsre Buben?

Diese dürfen hier nicht rein
drum soll von drinnen keiner
draußen sein!

Und so schließen sie in aller Ruh
die Tür von außen mit dem Schlüssel
zu...

... um vom Versteck aus zu erspähen,
wie die Pinkler dann um Gnade
flehen.

Ach, was ist das für ein Spaß,
weil so mancher Trinker ist jetzt
nass-

von der Unterhos' bis zu den Zehen,
weil er nicht konnt' zum Plumpsklo
gehen!

Doch dies war'n nur

6

von sieben
Dingen, die sie damals trieben.

Wenn das Jahr neigt sich dem Ende
schmückt man Tische, Decken,
Wände,
und wünscht sich dann zum
Neujahrsfeste
nur das Schönste und das Beste.

Und am Besten kann man so was
machen
lässt man's dabei richtig krachen.

Raketen, Böller, Feuerknaller
jagt man so zur Freude aller
in den Himmel hoch hinauf
und hebt noch ein Schnäpslein
drauf.

Die Jungen fanden:

> *„… viel zu selten!"*

woraufhin sie sich Material

> *bestellten.*

Denn die Böller waren teuer

> *und den Eltern nicht geheuer,*
>> *weil durch der Knaller heiße Glut*

verliert man schnell sein Hab und

> *Gut.*

Aus der Schule Löschpapier-

> *für die Zwei bis dato Zier*

weil man es nie hat benutzt

> *und direkt in die Hefte schmutzt,*

dient nun einem guten Zwecke,

> *denn es wird zur Bombendecke.*

Mit Unkraut-Ex wird es getränkt
und am Herd zum Trocknen
aufgehängt.

Unkraut-Ex ganz unverhohlen
hat man sich zuvor gestohlen.

In der Lehrlings-Zauberküche
dampfen nun exotische Gerüche.
Hier ein Knall und da ein Peng,
dunkel wird es und auch eng.

Auch wenn dicke Räucherschwaden
nicht zum Festgelage laden,
der Bombenbau ist nun vollendet
und gehört auch angewendet.

Schnell findet man ein Testgelände,
auf Rudis Hof hat's viele
Häuserwände!

Dies ist wichtig für den Schall,
denn der kommt vom großen
Knall.
Er soll die Kunde dann im Land
verbreiten
von den besten Chemikern aller
Zeiten.

Die Lunte brennt, es zischt so fein
sie explodiert – so muss es sein!

Und der Radau ist wirklich laut,
dass es durch die Ohren haut!

Den Knall hört man durchs Dorfe
schwirren,
und des Bauernhofes Scheiben
klirren.

Was hernach kam, sich jeder denkt…
… der Vater hat den Latschen selbst
gelenkt!

Ja, dies hier war der

Schluss

von sieben
Dingen, die sie damals trieben.

Heute sind sie brav und hold,
  denn der Herrgott hat es so gewollt.

Wichtig ist dabei die Komponente,
  dass das Schicksal beide trennte.

Höret die Moral von der Geschicht':
  Löschpapier allein reicht zur Bombe
    nicht!
  Auf die Mischung kommt es an,
damit es zischen, blubbern oder
              knallen kann.

Drum mische so, dass niemals
            kracht,
  die Bombe in der Nachbarschaft!

*Je schöner und voller die
Erinnerungen,
desto schwerer die Trennung.
Aber die Dankbarkeit verwandelt
die Qual der Erinnerung
in eine stille Freude.
Man trägt das vergangene Schöne
nicht mehr wie ein Stachel,
sondern wie ein kostbares Geschenk
in sich.*

Dietrich Bonhoeffer

Epilog

Flemmingsort, heute zu Polen gehörig, Zalezie genannt, ist so winzig und abgelegen, dass ein Besucher ihn trotz Landkarte kaum zu finden vermag, vorausgesetzt, er will überhaupt dorthin.

Es gab hier keine geschichtsträchtigen Ereignisse, die es wert wären, ihn in den Historien zu erwähnen.

Es gab auch keine wundersamen Vorkommnisse, durch die er hätte ein Wallfahrtsort werden können.

Dieser Ort, er hat keine Kirche, kein Rathaus, kein Denkmal, nicht einmal einen eigenen Friedhof.

Und dennoch war er Generationen von Familien liebste Heimat und gleichermaßen Schauplatz schwerer Schicksale, als auch vieler glücklicher Erinnerungen in einer

der fraglos schwersten Zeiten
Europas.

Um 1724 kam ein Mann namens
Martin Flemming in die Gegend von
Flötenstein, dem heutigen Koczala.

Es wird wohl nie geklärt werden
können, ob er, wie manche
behaupten als Neffe einer englischen
Gräfin hier ein größeres Stück Land
erbte, oder ein Abtrünniger des in
Rummelsburg verbreiteten Adels
war.

Er ist aber zweifelsohne einer der
Urahnen von Waldemar und Heinz.

Hier wurden sie und die sechs
Geschwister geboren, bevor der
Zweite Weltkrieg über die
Familienidylle hereinbrach und die
meisten seiner Bewohner in die
Fremde trieb.
Oder, wie fast überall, bezahlten
auch hier Menschen diese
Sinnlosigkeit mit ihrem Leben.

Von den vor Kriegszeiten fast vierzig Häusern stehen heute nur noch die wenigsten.
Lediglich die frühere Schule, die schon damals etwas Besonderes war, nicht zuletzt der vielen Streiche seiner Schüler wegen, ist immer noch beschaulich.

Von dem einstigen Elternhaus künden heute nur noch ein Trittstein und die wildwüchsigen Nachfahren eines Fliederbusches.

Und während die Zeit auch diese Reste unter Erde und Gras begräbt, verblassen die Erinnerungen seiner ehemaligen Bewohner und langsam auch die Erinnerungen an sie.

Nach der Vertreibung wählten die Eltern von Heinz und Waldemar den Ort Bischofferode, gelegen im Eichsfeld, in der Mitte Deutschlands zur zweiten Heimat.

Und wenngleich dieses Dörfchen nicht wie Flemmingsort war, weil ihm der Sand, die Feuchtwiesen und die Seen fehlen und auch der Wind dort nicht so über die Felder streicht, wie er es in dieser Gegend Pommerns tut, so gab es dort doch ein Stück abgelegener Natur, die sie an das, was sie so gnadenlos zurücklassen mussten, erinnerte.

Trotz größter Strapazen und schlimmster Erlebnisse, welche die Kriegsereignisse mit sich brachten, konnte hier die Familie vollzählig wieder zusammengeführt werden.

Die Lebensumstände, in denen die Kinder in Bischofferode weiter aufwuchsen, boten ihnen den Nährboden für den Stoff aus „Waldemar und Heinz" und anderen Begebenheiten, derer Erzählungen zu lauschen zwischenzeitlich die dritte Generation an der Reihe ist.

„Wild Things" (Anja Floyd 2008)

www.erlebnisgeschichte.com

www.floyd-art.com